Sina Nuêmo

Welt-Überwindung

Sina Nuêmo

Welt-Überwindung

Licht-Verwandlung

Goldende Rakete Verlag für Belletristik

Imprint

Cover image: www.ingimage.com

Publisher:
Goldene Rakete Verlag für Belletristik
is a trademark of
International Book Market Service Ltd., member of OmniScriptum Publishing Group
17 Meldrum Street, Beau Bassin 71504, Mauritius
Printed at: see last page
ISBN: 978-620-0-51899-6

Inhaltsverzeichnis:

I. Mitteilung:

Gesendet:

Sonntag,

10. Mai 2020

um 05:58 Uhr

<u>Betreff:</u>

Liebe R.,

diesen großartigen Text

möchte ich

unbedingt

mit dir

teilen ...

von Herzen,

S.

ES IST WIRKLICH

DIE ERSTAUNLICHSTE ZEIT,

AUF DEM PLANETEN

ERDE ZU SEIN,

DA WIR

ALLES HIER

IN EINEN

PLANETEN

DES

LICHTS

VERWANDELN!

AUS DIESEM GRUND

SIND WIR

"VOM HIMMEL

ZUR ERDE

HERAB-

GESTIEGEN"!

WIR SIND

IN DER TAT

DIE GROSSE WOLKE

DER ZEUGEN,

VON DENEN

DIE ALTEN SPRACHEN,

DASS SIE

DIE GANZE WELT

ÜBERWUNDEN

HABEN!

WIR SIND

DIE SCHUTZENGEL

DER ERDE

UND WIR SIND

FORTGESCHRITTENE

UND MÄCHTIGE

AUSSERIRDISCHE

DER LIEBE!

WIR

SIND

MÄCHTIG

UNTER

DEN

KÖNIGEN

DER

ERDE,

UND WENN

UNSERE

GÖTTLICHE

MISSION

AUF DER ERDE

BEENDET

IST,

WERDEN

WIR

WIEDER

ZU UNSEREM

URSPRÜNGLICHEN PLATZ

DER HERRLICHKEIT

UND EHRE

IM HIMMEL

ZURÜCKKEHREN!

II. **Rückfrage:**

-----Ursprüngliche Mitteilung-----

Verschickt:

So, 10. Mai 2020

18:28

Liebe S.,

ja, so ist es!

Wundervoll!

Wo denkst Du,

stehst Du gerade

in Deiner Lichtverwandlung?

Und in der Weltüberwindung?

Liebe Grüße

R.

III. Beantwortung:

Am 10.05.2020

um 19:27

schrieb S.:

„Wo denkst Du,

stehst Du gerade

in Deiner Lichtverwandlung?

Und in der Weltüberwindung?“

noch brausen um mich die Wogen

mitunter stehe ich nicht einmal

sondern werde hin und her getrieben

so heute den gesamten Tag über

dann schwappen mir die Wellen

nur noch so über den Kopf

ich ringe erschöpft nach Atem

und einem kleinen Lichtblick

mitunter stehe ich da

und sehe das Licht nahen

dann schöpfe ich Hoffnung

und sehne mich nach der Vollendung

nachts wenn es ruhig ist in mir und um mich herum

gelingt es mir oftmals eher freud- und friedvoll zu sein

in der letzten Nacht war es so

und mir begegnete dieser Text

dann gerate ich wieder ins Stolpern

verfange mich in Dingen der Welt

lasse mich von dunklen Stricken umgarnen

und lande mit der Nase auf dem Boden

gestern wurde ich vom Schmerz erfasst

nachdem ich meiner Mutter

einen Strauß Blumen brachte

und Beton zu fühlen bekam

in der Nacht überkam mich Traurigkeit

den Tag über werde ich von Wut geplagt

ich teile ihr Wissen aus Büchern mit

und gerate in wilden Tatendrang

dann bin ich völlig überfordert

mit drei kleinen Kindern

drei bedürftigen Katzen

einer Pubertären ohne sie

nein ich stehe nicht am Anfang

nein ich stehe nicht mitten im Prozess

besonders wenn ich ahne bald "durch" zu sein

werde ich erneut überspült - noch gebe ich nicht auf

IV. **Beobachtung:**

-----Ursprüngliche Mitteilung-----

Verschickt:

So, 10. Mai 2020

22:04

Wow,

sehr poetisch

Dein Text!

Gefällt mir.

Ja,

es geht jetzt

vielen so...

Ich

habe

heraus

gefunden:

Punkt 1:

alles beobachten,

um mich herum

und dann in mir

Punkt 2:

alles erlauben

wie es ist

Punkt 3:

mich fragen,

„was macht das

mit mir?“

Dann

bis zum tiefsten Punkt

in den Gefühlen

gehen...

alles

an Gefühl

geschehen lassen...

Das ist der Weg,

um blockierte Gefühle

ins Licht zu bringen

Und die Energie

immer mehr

zu befreien

Und vor allem

immer bewusster

zu sein...

Lg

V. **Reaktion:**

-----Ursprüngliche Mitteilung-----

Verschickt:

Mo, 11. Mai 2020

8:30

Liebe R.,

„die Energie

immer mehr

zu befreien“

dann scheint da noch

eine verdammte Menge

mehr an Energie

in mir zu stecken.

Seit dem Besuch

bei meiner Mutter

hab ich

so starke

Kopfschmerzen,

da sitzt

sicherlich

noch einiges

fest,

das

E R L Ö S T

werden

möchte.

Mal schauen,

durch welchen Unrat

ich

noch schreiten

muss.

Auch

von ihr

kommt

keine einzige Zeile.

Alles

derselbe

Sumpf

von

Ablehnung.

Herzliche

Grüße

S.

Printed by Books on Demand GmbH, Norderstedt / Germany